HENRY BLANC

MON PÈLERINAGE

A *7538*

ROME

CINQUIÈME ÉDITION

PARIS

IMPRIMERIE C. LAVIALLE

14 RUE SOUFFLOT, 14

—

1894

Les quatre premières éditions ayant été favorablement accueillies, j'ai cherché à rendre celle-ci irréprochable.

HENRY BLANC.

MON
PÈLERINAGE A ROME

HENRY BLANC

MON PÈLERINAGE A ROME

CINQUIÈME ÉDITION

PARIS

IMPRIMERIE C. LAVIALLE

14 RUE SOUFFLOT, 14

—

1894

A LA MÉMOIRE VÉNÉRÉE

DE

Mon Père, Jean-François-Joseph BLANC,

DE

Ma Mère, née Anne-Marie BERRY,

DE

Mon Frère EUGÈNE

ET DE

Mon Cousin Alexandre ROQUES.

A mes bien-aimés PARENTS,

Au bon Mr BUHOT,

A mes AMIS.

Au brave Julien BACH

et à son excellente épouse

née Justine ROSSIGNOL,

Témoignage d'affection et de reconnaissance.

H. BLANC.

MON PÈLERINAGE

A ROME

I

Encouragé par plusieurs amis, je prends la plume et je commence le récit détaillé de mon voyage à la Ville-Sainte.

Mes préparatifs pour ce long voyage furent bientôt faits. Muni d'une petite valise et d'une couverture, j'étais, le 22 septembre 1891, à une heure de l'après-midi, à la gare de Paris-Lyon-

Méditerranée. Les pèlerins commençaient à arriver et, pendant plus d'une demi-heure, ils devenaient à chaque instant plus nombreux. Parmi eux, se trouvait mon excellent compagnon de voyage, M. Chaponet, porteur d'une valise bourrée de victuailles.

A 2 heures 25, moment du départ, nous étions bien sept cents, venus de Paris, de la banlieue, de Laval, de Poitiers, d'Orléans, de Reims et d'ailleurs, heureux d'aller porter au Souverain-Pontife l'expression de notre inviolable attachement et de notre dévouement sans bornes.

Nous comptions un grand nombre d'ecclésiastiques, quelques dames, des personnes de diverses catégories, mais il y avait surtout des ouvriers.

Très bien installé dans un compartiment de deuxième classe occupé par deux abbés et cinq laïques, on a, dès Paris, commencé dans les wagons les prières de l'itinéraire et on a chanté : *Autour du Successeur de Pierre.* Ensuite, à Montereau : *Pitié, mon Dieu !* à Laroche, chapelet, et à Tonnerre prière du soir et *Angelus.* A Dijon nous prenons des pèlerins.

Sous un ciel étoilé, d'un bleu intense, une magnifique plaine se déroule devant nous avec Chagny, Chalon-Saint-Côme, Mâcon, Bourg et Pont-d'Ain.

Au point du jour, à notre arrivée à Culoz, pays montueux et pittoresque, de petites collines nous apparaissent et bientôt les hautes montagnes de la Savoie nous enveloppent. Parmi elles, des monts beaucoup plus élevés se montrent dans le lointain et offrent avec leurs pics neigeux un aspect des plus majestueux. Çà et là, dans une ravissante vallée arrosée par un petit cours d'eau, nous apercevons de charmants chalets et sur les flancs des montagnes sont perchées des habitations de modeste apparence. Nous voici à Saint-Jean-de-Maurienne, au milieu de montagnes escarpées, d'une altitude peu élevée, et à vingt-sept kilomètres de la frontière italienne.

Le 23 septembre, à huit heures et demie du matin, nous sommes à Modane, station encaissée entre deux immenses chaînes de montagnes, couvertes de neiges éternelles, et non loin du point culminant où le chemin de fer perce les Alpes par un tunnel de treize kilomètres de longueur. Nous laissons notre train français et nous passons au bureau de la douane italienne.

Les douaniers sont ahuris de cette invasion ; ils font ouvrir quelques valises, mais, comme nous sommes très nombreux, ils se décident à marquer indistinctement tous nos colis de la croix réglementaire.

Nous prenons au buffet le premier déjeuner que l'agence Lubin a fait préparer dans de petits sacs en papier, déjeuner que nous allons savourer dans le train italien, tout en admirant le spectacle grandiose des masses de rochers qui nous entourent et qui se profilent dans le lointain.

A peu de distance de Modane, et avant d'arriver à Bardonèche, nous entrons dans le tunnel du Mont-Cenis. Nous sommes à onze cents mètres d'altitude. Vers deux heures de l'après-midi, les sommets remarquables disparaissent avec leurs énormes glaciers, et nous parcourons à toute vapeur les verdoyantes plaines du Piémont, traversées par le Pô et parsemées d'une quantité innombrable de villes et de villages. Cette contrée féconde, si célèbre par la beauté de son climat, offre une agréable succession de collines riantes et de délicieuses vallées.

C'est bien là, le pays enchanté,

« Où rayonne et sourit, comme un bienfait de Dieu,
» Un éternel printemps sous un ciel toujours bleu. »

A trois heures, nous faisons notre entrée dans la gare de Turin ; beaucoup de curieux se trouvent à la sortie. Il n'y a certainement pas d'hostilité contre nous, mais la sympathie ne se manifeste pas non plus ; il ne faut y voir que de l'étonnement. Les victoires de l'armée française qui ont préservé le Piémont des atteintes de l'Autriche sont bien oubliées ! . . .

Pour nous rendre à Valsalice, où est situé l'établissement de don Bosco et où nous sommes attendus, nous traversons à pied une partie de la ville et le Pô.

A la porte d'entrée, un brillant et nombreux orchestre composé de jeunes gens élevés par les Salésiens, nous souhaite la bienvenue par l'exécution irréprochable de ses meilleurs morceaux.

Le Révérendissime Père don Rua, successeur de don Bosco, nous reçoit à la chapelle. Dans une allocution des plus chaleureuses, il nous remercie de notre visite et nous félicite de notre filial dévouement à notre auguste Père. Au moment de la bénédiction, un violent orage éclate et la pluie tombe à torrents pendant quelques instants. Ensuite nous nous prosternons devant le tombeau du saint fondateur de l'Ordre et nous sortons par les longs corridors du monastère.

De la terrasse de cette maison mère, située à vingt-cinq minutes de Turin, on jouit d'un des panoramas les plus vastes et les plus admirables.

A un signal donné et après le *Benedicite*, nous nous mettons à table sous une tente disposée dans une cour immense, pendant que les nombreux musiciens se hâtent de s'installer sur une estrade, et c'est au son mélodieux de la musique et au bruit retentissant du tonnerre que nous prenons avec satisfaction le repas offert si gracieusement par les RR. PP. Salésiens. Non contents de cela, ils avaient eu, en outre, la délicate attention de mettre sur chaque couvert notre petit déjeuner du lendemain. Sous la tente, étaient déployés des drapeaux aux couleurs pontificales et aux couleurs françaises.

Avant la fin du repas, M. l'abbé Laurençon, curé d'une paroisse de Paris, a pris la parole et, dans une allocution pleine de tact, il a exprimé à ces excellents Pères les sentiments d'estime et de reconnaissance si vivement ressentis par chacun de nous.

Nous étions édifiés en voyant l'attitude si humble, si accueillante de ces bons religieux formés à l'école de don Bosco. C'est bien d'eux qu'on peut dire : *Tel maître, tels disciples !*

A notre départ du monastère, le Révérendissime Père don Rua était sur le seuil de la porte de sortie pour serrer la main à chaque pèlerin et lui dire un

dernier mot. Après cet accueil si frater-
nel, c'est avec émotion que le cortège
se dirige vers la gare. Chacun reconnaît
ses bagages et s'installe dans le train spé-
cial, qui s'ébranle à six heures et demie.

Vers minuit, avant d'arriver à Gênes,
nous stationnons longtemps à l'entrée
d'un tunnel. La mer vient battre les
murs de la voie avec un grondement
incessant, et les éclairs qui sillonnent
l'horizon contribuent à rendre ce spectacle encore plus grandiose. De Gênes
jusqu'à la Spezzia, première ville mari-
time du royaume d'Italie, il y a qua-
tre-vingt-quinze kilomètres de tunnels
et de ponts côtoyant toujours la mer.

Après Pise et à partir de Cécina,
commencent les maremmes, qui se

continuent jusqu'à Rome. Autant la région haute de la Toscane est fertile, autant cette contrée est aride et désolée.

A Civita-Vecchia, autrefois principal port des Etats de l'Eglise, sur la mer Tyrrhénienne, des familles entières nous saluent de leurs mouchoirs et de leurs ombrelles. Puisse ce témoignage de fidélité, recueilli par nous, être rapporté au Saint-Père. Enfin, après quarante-huit heures de voyage bien supportées, nous sommes en vue de l'ancienne capitale de l'Empire Romain. Nous apercevons dans la campagne des maisons sans toiture, conséquence terrible de l'explosion récente d'une poudrière.

Aux abords de la gare, une foule de curieux est maintenue par la police. Des voitures viennent nous prendre successivement quatre par quatre et, après un parcours d'une bonne demi-heure à travers la Ville-Eternelle, nous descendons à Sainte-Marthe du Vatican. Là, dans ce lieu béni, nous sommes les hôtes de Sa Sainteté, et cette pensée seule nous remplit le cœur.

II

« **I**L me serait impossible de vous
» dire ce qu'on éprouve lorsque Rome
» vous apparaît tout à coup... La mul-
» titude des souvenirs, l'abondance des
» sentiments vous oppressent ; votre
» âme est bouleversée à l'aspect de
» cette Rome qui a recueilli deux fois
» la succession du monde, comme hé-
» ritière de Saturne et de Jacob... —
» CHATEAUBRIAND. — ... Le voyageur
» se trouve en effet sur un sol éminem-
» ment historique, dans cette ville qui
» existe depuis près de 3000 ans, que

» le temps et les événements ont fait
» passer par tant de phases diverses et
» où l'on retrouve néanmoins partout,
» au milieu de créations postérieures,
» la cité antique. »

C'est à Sainte-Marthe du Vatican que
Léon XIII, lors de la dernière épidé-
mie de Rome, voulut fonder un hôpi-
tal. Ce bâtiment, composé de nombreuses chambres de six à dix lits, étant
libre, on y a logé les pèlerins du train
de Paris.

Les dortoirs ont un aspect frais et
riant, une propreté exquise, telle qu'on
n'en voit pas souvent. Les lits sont nu-
mérotés et pourvus chacun d'une chaise ;
chaque pèlerin va le reconnaître dès
qu'il a reçu son numéro d'ordre. Il me

semblait que je redevenais soldat, d'autant plus que nous avions un règlement un peu militaire.

Le lever était fixé à six heures ; ce n'était pas certes trop bon matin, car, à cette heure-là, tous les pèlerins étaient habillés, ayant hâte de commencer la journée. Et puis, vers quatre heures, les cochers piaillaient tellement sur la place Saint-Pierre, qu'ils nous réveillaient.

Après les exercices religieux de la matinée, nous allions déjeuner à dix heures au réfectoire du Belvédère. Ensuite, les pèlerins, par groupes de 25 à 30, sous la conduite d'un ecclésiastique romain, allaient visiter en voiture les nombreux souvenirs de la métropole du culte catholique. Le soir on se retrouvait joyeusement au repas de sept heures, et, après la prière récitée en commun, on rentrait vers neuf heures à Sainte-Marthe du Vatican pour se coucher.

Nous avions au rez-de-chaussée une salle de correspondance et les bureaux de la Commission romaine dirigeant les pèlerinages. Notre bien-aimé Père nous ayant accordé toutes sortes de privilèges, des Prélats de la Cour Pontificale signaient au nom de Sa Sainteté des milliers de diplômes de bénédictions; il suffisait de les déposer dans une salle désignée pour les retrouver, vingt-quatre heures après, avec les formalités remplies.

Les médecins du Saint-Père visitaient tous les matins nos dortoirs, nous donnant tous les conseils que comportait notre séjour à Rome. Il nous était expressément recommandé qu'à la première souffrance, au premier symptôme, nous devions tout de suite aller trouver le médecin de service. Touchante sollicitude que les pèlerins ne sauraient oublier !

Nous avions en outre d'autres personnes qui s'inquiétaient de tous nos intérêts. M. l'abbé Garnier se tenait constamment à notre disposition pour nous donner tous les renseignements dont nous pouvions avoir besoin.

Nous étions donc traités comme des enfants de Léon XIII. Sa Sainteté Elle-même s'était préoccupée de nos fatigues et nous avait dispensés du jeûne et du maigre.

Notre numéro de lit est aussi notre numéro de table et nous sert de *passe-partout*; il ne faut pas s'en séparer, sans quoi l'on ne pourrait entrer au Vatican, les suisses faisant bonne garde à la Porte de Bronze.

La salle où nous entrons et qui sert de réfectoire est immense; elle peut contenir deux mille personnes. Au bout, à gauche, on aperçoit un très grand portrait de Léon XIII. Tout autour, on a disposé les nombreuses bannières apportées par les différents groupes de pèlerins.

Le service est fait avec une exactitude

remarquable. Les mets, apportés dans d'immenses plats en métal aux sœurs de Saint-Vincent-de-Paul, appelées de Sienne et de Naples pour la circonstance, sont répartis dans des assiettes, qui sont remises entre les mains de ceux qui servent les tables. Ceux-ci, en très grand nombre, ont un tablier blanc avec le monogramme du Christ en soie rouge et la légende : *Circolo di san Pietro per i pellegrini.* Ce sont, en effet, les membres de la noblesse romaine, appartenant au Cercle de Saint-Pierre, qui ont voulu servir eux-mêmes les pèlerins.

Voici le *menu* de notre premier dîner :

BOUILLON — BŒUF

RÔTI AVEC DES LÉGUMES

FROMAGE — RAISINS — PÊCHES

et une demi-bouteille de vin rouge que nous avons trouvé délicieux.

A l'occasion de notre arrivée et du départ des pèlerins de Lille, M. l'abbé Garnier, dont l'apostolat est bien connu à Paris, nous adresse une allocution des plus ardentes.

Il nous recommande l'Œuvre des pèlerinages, née en France, et qui a pris des proportions inattendues, à ce point que notre patrie marche comme autrefois à la tête des nations chrétiennes et leur donne l'exemple de la fidélité et du dévouement au Saint-Père.

Il nous invite à faire partie de la nouvelle association qui vient de se former et qui a pour mission de réciter chaque jour trois fois cette invocation :

*O Marie, patronne de l'Eglise universelle,
priez pour N. S. P. le Pape, Léon XIII !...*

Le vendredi matin, nous assistons à
l'office divin, célébré à Saint-Pierre, à
la chapelle de Sainte-Pétronille. A dix
heures, nous sommes au réfectoire pour
déjeuner. Nous avons deux plats de
viande, deux plats de légumes, fromage,
fruits et café. Tout est très bon et nous
sommes très satisfaits.

Aussitôt après, sans tenir compte de
la chaleur accablante qui oblige les
Romains à rester dans leurs demeures,
nous commençons à visiter les monu-
ments, en observant l'ordre indiqué par
le *Guide du pèlerin à Rome.*

Les jours suivants, nous continuons
nos visites ; le quatrième, nous en-

trons à Saint-Louis des Français, église construite en 1589, aux frais de Catherine de Médicis. Dans une chapelle, on remarque le tombeau de GEORGES DE PIMODAN, tombé à Castelfidardo, à la tête de l'infanterie pontificale.

On y voit aussi le monument élevé à la mémoire de nos soldats et de nos officiers morts, en 1849, en combattant sous les murs de Rome pour la cause du Saint-Siège. Cette église renferme un grand nombre de tombeaux de grands dignitaires et d'hommes illustres.

Nous sommes allés au Panthéon, qu'une seule ouverture éclaire d'en haut. Les chapelles sont installées dans son pourtour, mais l'une d'elles, celle qui se trouve à droite en entrant, a dû céder la place au monument de Victor-Emmanuel.

Nous l'avons examiné, ce monument, surveillé par un gardien qui nous a invités à signer sur un registre. Nous nous sommes éloignés aussitôt avec une profonde tristesse, sans prononcer la moindre parole ; c'était tout ce qu'il y avait à faire.

Le Panthéon est appelé communément la *Rotonda*, à cause de sa forme circulaire. Ce monument est le plus remarquable, le plus admirable, le plus parfait et le plus grand de l'Antiquité qui soit resté à Rome.

Je ne parlerai pas des autres souvenirs que cette grande cité chrétienne renferme, quelque précieux qu'ils soient

pour des catholiques, car cela m'entraî-
nerait trop loin.

Chaque soir, des Evêques, des Cardinaux de la Cour Pontificale venaient
nous voir au réfectoire. Le vendredi
25 septembre, Son Em. le Cardinal Langénieux, Chef du pèlerinage,
nous a apporté ses souhaits de bienvenue.

Dans une allocution chaleureuse, il
nous a félicités de la grande grâce que
la Providence nous avait ménagée.
Mon regret est grand de ne pouvoir
donner *in extenso* le texte de cette allocution toute paternelle :

« Voyez ce que Dieu fait pour vous:
» Ce que Rome a de plus noble et de
» plus chrétien en même temps que de

» plus distingué, s'honore de vous ser-
» vir pendant que des anges de la cha-
» rité préparent vos repas. Ce qui vous
» étonnera peut-être, c'est que nos
» sœurs sont françaises.

» Réjouissez-vous, demain matin,
» quand le Souverain-Pontife viendra
» au milieu de vous ; quand ce grand
» Pape, dont la piété se dilate comme
» celle d'un enfant à sa première com-
» munion, dira la messe pour vous ;
» quand vous le verrez égrenant son cha-
» pelet comme la plus humble femme !
» Quelle joie, quand vous entendrez
» chanter le *Credo* sous la voûte de
» Saint-Pierre, et ce chant : *Ouvriers,*
» *soyez chrétiens !!!...* Je m'arrête, car
» c'est votre histoire de demain !...

» Le Saint-Père, très heureux de
» vous voir et de parler à chacun de
» vous, a voulu que vous fussiez chez
» lui et le jour et la nuit.»

De nombreuses acclamations ont
répondu à Son Eminence le Cardinal
Langénieux.

III

Nous voici arrivés au jour de l'audience solennelle si impatiemment attendu.

Le samedi 26 septembre, à six heures et demie du matin, nous sommes au réfectoire du Belvédère, où un café au lait nous est servi. Puis, chaque diocèse se forme processionnellement, celui de Paris en tête, avec plus de trente bannières déployées.

Enthousiastes, nerveux, nous nous rendons à la basilique de Saint-Pierre, en traversant les immenses cours du

Vatican, et nous prenons place dans la chapelle qui se trouve derrière la Confession, laissant libre pour le Saint-Père un passage gardé par les suisses.

A chaque instant, tous les regards se tournent vers la chapelle du Saint-Sacrement, par où doit arriver Sa Sainteté.

Vers huit heures, un frémissement saisit la foule comme une sensation électrique :

Léon XIII, en soutane blanche, arrive porté sur la petite *Sedia gestatoria,* entouré des officiers de la Garde-Noble, ayant sabre au clair, des Cardinaux Rampolla, secrétaire d'Etat; Monaco-Lavaletta et Langénieux, d'un Prélat majordome, d'un Camérier civil de cape et d'épée, de Léon Harmel et de quelques dignitaires ecclésiastiques faisant partie de la Cour Pontificale.

Aussitôt retentissent les acclamations de : *Vive Léon XIII ! Vive le Pape-Roi ! Vive le Pape des ouvriers !* et Sa Sainteté, visiblement émue, passe devant nous en nous bénissant.

Le Souverain-Pontife célèbre le saint sacrifice à l'autel de la Chaire de Saint-Pierre, pendant que les pèlerins chantent le *Credo,* l'*O Salutaris* et le cantique : *Pitié, mon Dieu !* C'était bien, en effet, le moment d'implorer notre Dieu pour Rome et pour notre Patrie. Un drapeau de Paris, portant cette inscription : *Cœur de Jésus, sauvez la France !* est placé près de l'autel.

Léon XIII entend une messe d'actions de grâces dite par un chapelain secret, durant laquelle Il récite le rosaire.

Après la messe, Sa Sainteté déjeune, tandis que nous prenons position sur un rang le long des murs de la nef, de l'abside et du transept de la basilique vaticane.

Les bannières qui étaient placées de chaque côté de l'autel accompagnent leurs groupes respectifs.

Vers dix heures, le Saint-Père, malgré son grand âge, ouvre l'audience. Afin de contenter tous les cœurs, Il veut voir chacun de nous et chacun peut lui parler et recevoir un mot affectueux avec sa bénédiction.

A onze heures, j'ai le bonheur d'être auprès de Lui. Au moment où Il tend la main pour me bénir, je m'en empare et je l'embrasse avec effusion.. Au même instant, ce bon Père, m'enveloppe d'un regard de tendresse indéfinissable, qui me fait tressaillir jusqu'au fond du cœur.

O jour béni ! félicité suprême !!!...

Un garde-noble me prie de m'éloigner, et je cède la place à mon ami Clément, pèlerin du diocèse de Paris, délégué du Cercle catholique des anciens élèves de Saint-Nicolas.

Le Saint-Père daigne passer ainsi devant chacun de nous. Mais, bientôt fatigué, on est obligé de le porter à la sacristie. Quelques instants après, Sa

Sainteté reprend son audience et ne cesse de voir jusqu'à deux heures et demie ses pèlerins. Avant de se retirer, Il nous bénit de nouveau et disparaît au milieu d'un immense tonnerre d'acclamations.

M. l'abbé Beller, de Reims, présent à l'audience, raconte, dans un ouvrage littéraire, la doléance suivante :

« C'est une brebis plaintive et fort
» simplette qui, se trouvant en belle
» occasion, demande au Pape, avec sa
» bénédiction, le pardon de ses péchés
» passés, présents et futurs.

— Oh ! pour le passé et le présent, je
» puis, répond le Souverain-Pontife en
» souriant, mais pour l'avenir, je ne
» puis pas.

» Et il l'exorte doucement et la
» bénit. »

Pour terminer cette belle fête, la musique des Suisses est venue jouer au réfectoire la cantate de Léon XIII, et nos acclamations n'ont pas manqué à ces loyaux serviteurs de la Papauté.

Le dimanche, 28 septembre, nous avons assisté à la messe dite par Son Eminence le Cardinal Langénieux à la chapelle française de Sainte-Pétronille.

Dans une courte allocution, il nous a appris qu'en 757 Paul Ier fit don à la France des reliques de cette sainte et la constitua sa patronne. Tous les pèlerins se sont, dans le plus grand recueillement, approchés de la Sainte-Table et ont reçu la communion des mains de

Monseigneur Gouthe-Soulard, arche-
vêque d'Aix.

Après la messe, nous nous sommes
rendus à la Confession de Saint-Pierre,
où, agenouillés sur une dalle, nous
avons élevé nos regards et vénéré les
grandes reliques de N.-S. Jésus-Christ,
le Saint-Suaire, la vraie Croix, qui nous
étaient présentés du haut de la loge de
Sainte-Véronique. Ensuite, dans la
chapelle du Crucifix, nous avons pu
nous prosterner devant les reliques de
Saint-Pierre et de Sainte-Pétronille.

Tous les jours c'étaient de nouveaux
pèlerins qui arrivaient de toutes parts :
de France, d'Autriche-Hongrie, d'Es-
pagne, de Suisse, d'Italie, etc., etc.

Le soir, au réfectoire, nous avons

acclamé les ouvriers de Salonique, qui, par affection pour les Français, s'offraient de nous servir à table.

Revêtus de leur costume national, ils ont fait le tour de la salle et nos acclamations ont redoublé.

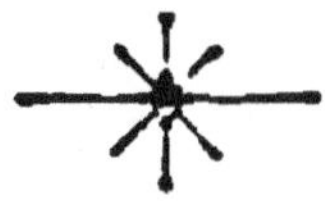

IV

LE lendemain de notre arrivée sur les bords du Tibre, les Sœurs de Saint-Vincent-de-Paul et les Prélats du Vatican étaient tout joyeux de nous entretenir de la grande cérémonie qui devait avoir lieu dans la basilique de Saint-Pierre, le 29 septembre, jour de la fête de l'archange Saint-Michel.

Cette manifestation solennelle allait rappeler aux pèlerins des diverses nations le jour mémorable du jubilé sacerdotal de Léon XIII.

Soixante-quinze mille cartes d'entrée

avaient été distribuées à la population romaine. Aussi, dès la première heure, se pressait-elle en foule à la Porte de Bronze du Vatican et aux deux portes de Saint-Pierre, restées ouvertes.

Pour assurer la circulation, il y avait en ligne, au bas de la place, plusieurs régiments de l'armée italienne en grande tenue.

Les deux mille pèlerins sont entrés processionnellement vers sept heures et demie et se sont rangés dans la partie qui leur était réservée autour de la Confession de Saint-Pierre.

Les pèlerins de Paris ont le bonheur d'être placés en face du maître-autel, splendidement illuminé et couvert de fleurs, où le Saint-Père doit célébrer la Sainte-Messe. Mais la chaleur est si accablante et la basilique est tellement remplie, que, par moments, l'air manque, et nous nous demandons à chaque instant si nous pourrons demeurer jusqu'à la fin de cette imposante cérémonie.

Au centre de la nef, un espace entouré de barrières est réservé au Saint-Père, qui fait son entrée à huit heures et demie par la chapelle du Saint-Sacrement.

Au moment où Léon XIII apparaît entre les draperies qui ferment la chapelle, les cris mille fois répétés de : *Viva il Papa Ré ! Viva il nostro Papa !* sortent de toutes les poitrines des Romains et se joignent aux salves d'applaudissements des pèlerins.

D'un même élan, la foule tout en-
tière, agitant frénétiquement les mouchoirs et les chapeaux, fait retentir sous
la voûte de la vaste basilique des hourras
formidables. C'est un spectacle d'une
grandeur inoubliable.

Les chantres de la chapelle de Saint-
Pierre entonnent le célèbre motet : *Tu
es Petrus,* et le cortège s'avance ma-
jestueusement.

En tête, vient la Croix, suivie des
Cardinaux, des Patriarches, des Arche-
vêques, des Évêques et des Pénitentiers
de Saint-Pierre escortés par une garde
d'honneur tirée des Suisses.

Le Pape, sous les riches ornements
sacrés, ceint de la tiare, est porté sur la
grande *Sedia gestatoria,* ornée de deux

grands éventails de plumes blanches.

Il est entouré des officiers de la Garde-Noble en grand uniforme, ayant sabre au clair et de ses Camériers secrets.

Sa Sainteté arrive vers nous, nous bénissant sans cesse. Nous admirons ce Saint-Vieillard, dont l'énergie du caractère triomphe miraculeusement de la faiblesse de l'âge et des souffrances qui en sont la conséquence.

Léon XIII descend de la *Sedia* et, après avoir déposé la tiare et revêtu les ornements sacerdotaux, commence le Saint-Sacrifice.

Il est assisté par deux cardinaux-diacres, pendant qu'au pied de l'autel se tiennent des officiers de la Garde-

Noble dans leur magnifique tenue de gala.

Nous apercevons tous les mouvements de Sa Sainteté et nous les suivons avec la plus grande attention.

L'autel-papal, où la Sainte-Messe est célébrée, s'élève au-dessus de la Confession de Saint-Pierre, sous un immense baldaquin en bronze richement doré et supporté par quatre colonnes torses.

Avec quelle ardeur, malgré notre fatigue, nous prions Notre-Seigneur Jésus-Christ d'avoir pitié de la France et de l'Église.

Je suis impuissant à exprimer toutes les émotions que nous avons ressenties ; il nous semblait que là, auprès du tombeau du premier Pape et auprès de son successeur, nous étions plus près du ciel !!!...

A l'élévation, comme à l'entrée du Saint-Père, la claire sonnerie des trompettes historiques d'argent de la Garde-Noble a éclaté du haut de la tribune située au-dessus de l'entrée principale de la basilique. Je renonce à décrire les effets saisissants de cette fanfare.

Pendant la messe, les chantres de la chapelle Sixtine ont exécuté des morceaux de circonstance.

La Messe-Papale est suivie d'une messe d'actions de grâces, dite par le Chapelain de Sa Sainteté.

LÉON XIII pleure d'attendrissement pendant tout le temps. Ensuite, il prend place sur la *Sedia gestatoria* et passe du côté qui nous est opposé et qu'Il n'a pas vu.

Sa Sainteté est accueillie par des acclamations bien nourries auxquelles on répond de toutes parts ; quand les cris faiblissent sur un point, ils retentissent de nouveau ailleurs.

Le Pape s'arrête en avant de la Confession de Saint-Pierre, en face les Romains, et, après avoir lu les prières, Il donne la solennelle bénédiction papale à laquelle est attachée une indulgence pleinière.

Il nous bénit en faisant trois fois le signe de la croix aux mots *Patris*, et *Filii*, et *Spiritus Sancti*, puis il élève les mains et les ramène sur les assistants quand il dit : *descendat super vos.*

Après avoir prononcé cette bénédiction solennelle, le Souverain-Pontife donne de nouveau, mais sans rien dire, une seconde bénédiction, au milieu des acclamations des fidèles.

Le Saint-Père fait signe qu'il veut se reposer et, après quelques minutes, ordre est donné au Grand-Maître des cérémonies de refaire le tour de la basilique. « Je veux, dit Sa Sainteté, que tous » mes pèlerins français revoient leur » Pape. »

La tête du cortège, prévenue aussitôt, fait volte-face en arrière, et LÉON XIII nous est revenu pour nous bénir encore.

Cet ordre inattendu produit une vive sensation. Les cris réitérés de : *Vive*

Léon XIII ! Vive le Pape-Roi ! sortent de nouveau de toutes les poitrines, et Sa Sainteté, debout sur la *Sedia gestatoria,* ou trône sur lequel Elle est portée, fait lentement le tour de Saint-Pierre et sort par la nef du milieu.

Notre pèlerinage s'achève. Un membre de la Commission romaine nous remet à chacun un magnifique et précieux souvenir : c'est une médaille très belle, de grand module, à l'effigie de notre bien-aimé Père Léon XIII.

Elle porte cette inscription :

MERCES OPERARIUM CLAMAT
IN AVRES DOMINI.

Après l'avoir remercié bien vivement, nous acclamons, par de longs et chaleureux vivats, les Sœurs de Saint-Vincent-de-Paul et les membres du Cercle de Saint-Pierre, si dévoués pour nous pendant notre séjour à Rome.

Le 30 septembre, le soir, à onze heures, nous montons en wagon pour rentrer en France, emportant le souvenir ineffaçable de la tendresse de Léon XIII.

FIN

IMPRIMERIE C. LAVIALLE

14, RUE SOUFFLOT. PARIS